Revue Critique du Droit Français

DANS LE DOMAINE

DE LA PROPRIÉTÉ INDUSTRIELLE, ARTISTIQUE ET LITTÉRAIRE

1919-1920

PAR

MARCEL PLAISANT

Avocat à la Cour d'appel de Paris - Député du Cher.

Extr. du « Bulletin de la Société italienne pour les études de droit industriel, 1921 »

ROME

SOCIETÀ EDITRICE DEL « FORO ITALIANO »

Piazza di S. Eustachio, 44

1921

Revue Critique du Droit Français

DANS LE DOMAINE

DE LA PROPRIÉTÉ INDUSTRIELLE, ARTISTIQUE ET LITTÉRAIRE

1919-1920

PAR

MARCEL PLAISANT

Avocat à la Cour d'appel de Paris - Député du Cher.

TABLE.

SECTION I. — Bibliographie.

    » II. — Conventions internationales.

    » III. — Mouvement législatif et règlementaire.

    » IV. — Jurisprudence insigne.

    » V. — Statistique.

    » VI. — Observations générales.

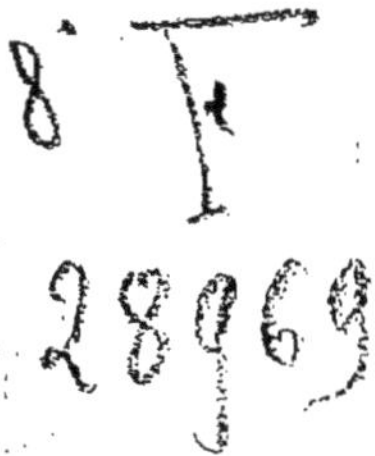

NOTA. — En adoptant pour date 1919-1920 l'auteur entend considérer le mouvement du droit pendant le cours de l'année judiciaire, soit Octobre 1919 à Octobre 1920.

Section I.

Bibliographie.

§ 1. — *Brevets d'invention.*

Lei du 10 Octobre 1919 prorogeant la durée des brevets d'invention,
par ROBERT MOUREAUX, Avocat à la Cour de Paris. — Paris,
Pédone, 1920.

Dans une brochure bien divisée, M. Robert Moureaux a rassemblé
tous les documents propres à eclairer le commentaire de la loi nouvelle
touchant la prorogation des brevets. L'auteur aurait peut-être pu sortir
de limites d'un travail purement analytique, mais il garde le mérite
d'avoir ordonné dans son ouvrage des travaux préparatoires précieux à
connaître pour l'inventeur et ses conseils.

Possibilités du brevet international, par G. CHABAUD. — « Ann. Ass.
Fr. », 1920, 118.

Rapport de la Commission de prorogation des brevets, par le conseiller
SAUTERAUD. — « Ann. Ass. Fr. », 1920, 115.

§ 2. — *Marques de fabrique et nom commercial.*

Les appellations d'origine : loi du 6 Mai 1919, par RAYMOND GUE-
RILLON, Avocat à la Cour d'Appel. — Préface de Maxime Tou-
beau, chef du service de la repression des fraudes. — Paris,
Journal l'Epicier, 1919.

Cet ouvrage constitue le premier traité publié sur la loi du 6 Mai
1919. A cet égard il restera une contribution importante à l'étude d'une
loi qui fixe le statut des noms d'origine. Le commentaire est donné
avec prudence et de la manière la plus consciencieuse : le rappel des
circulaires et des instructions ministerielles nombreuses explique le texte.

On reprocherait plutôt à l'auteur de n'avoir pas étudié la loi du 28 Juillet 1824 et du 5 Avril 1905 pour rassembler par la comparaison de ces moyens de défense parallèles, les éléments d'une synthèse de la protection des noms d'origine.

La tromperie sur l'origine, par FERNAND-JACQ. — « Ann. Ass. Fr. », 1920, 76.

§ 3. — *Les Traités de paix.*

La propriété industrielle artistique et littéraire dans le Traité de paix de Versailles, par ANDRÉ TAILLEFER. — « Annales Pataille », 1919, 129.

Comment lire le Traité de Versailles, par CHARLES CLARO. — « Annales Pataille », 1920, 31.

Dans ces deux monographies les fidèles disciples de Pouillet continuent à refléter les qualités du maître : l'ordre et la méthode dans l'exposition, la prudence et l'impartialité dans la controverse permettent aux auteurs de donner une claire vision du Traité de paix. C'est un rare mérite : il est peu d'instrument diplomatique aussi touffu que le Traité de Versailles ; il en est peu aussi qui touchent dans le domaine économique à des objets aussi nombreux et aussi complexes qui appellent des solutions transactionnelles.

MM. Taillefer et Claro ont parfaitement isolé les dispositions souvent enchevétrées et, sous leur droite discipline, le texte devient net et franc.

La propriété industrielle en Alsace-Lorraine par FREDERIC-LEVY. — « Ann. Ass. Fr. », 1920, 94.

§ 4. — *Propriété littéraire et artistique.*

La création artistique et littéraire et le droit, par MARCEL PLAISANT, Avocat à la Cour d'Appel de Paris, député. — Paris, A. Rousseau, 1920.

Incompétent pour apprécier nous-mêmes notre oeuvre, nous nous bornons à reproduire la notice bibliographique donnée par M. Jacques Bardoux dans l'*Opinion* du 4 Septembre 1920 :

« M. Marcel Plaisant n'est pas de ces juristes qui croient devoir proscrire les ornements du style et les synthèses du philosophe. Désireux d'éclairer artistes et écrivains sur les question d'actualité qui, dans la législation et la jurisprudence touchaient directement leurs intérêts, M. Marcel Plaisant ne s'est point borné à commenter les lois du 10 Novembre 1917 et du 3 Février 1919, ainsi que les articles du Traité de Versailles et de Saint-Germain relatifs à la propriété littéraire et artistique. Il ne s'est même pas contenté d'examiner les propositions de lois soumises au Parlement « sur le domaine public payant » et « le droit de suite aux artistes ». Il a, comme il le dit lui-même, enrichi l'aridité du texte par les exemples de la vie. Il a fait rentrer les décisions du droit et les arrêts de la jurisprudence dans le cadre d'un discours sur l'unité de l'art. Juriste autorisé, il n'a pas cessé de rester un fin lettré. Il n'a même pas oublié d'être orateur ».

Section II.

Conventions internationales.

§ 1. — *Arrangement du 30 Juin 1920 concernant la conservation ou le rétablissement des droits de priorité industrielle atteints par la guerre mondiale.* (*Bulletin Officiel de la Propriété Industrielle*, du 2 Septembre 1920).

L'arrangement conclu à Berne le 30 Juin 1920 entre l'Allemagne, la France, les Pays-Bas, le Portugal, la Suède, qui adhère au présent arrangement en ce qui concerne les brevets d'invention et les modèles d'utilité, à l'exclusion des marques de fabrique ou de commerce et des dessins et modèles industriels, la Suisse, la Tchéco-Slovaquie, la Turquie, dispose que les délais de priorité prévus par l'art. 4 de la convention internationale de Paris du 20 Mars 1883 révisée à Washington en 1911 pour le dépôt ou l'enregistrement des demandes de brevets d'invention ou de modèles d'utilité, des marques de fabrique ou de commerce, de dessins et modèles qui n'étaient pas expirés au 1.er Août 1914 et ceux qui auraient pris naissance durant le guerre seront prolongés jusqu'à l'expiration d'un délai de 6 mois à partir de la mise en vigueur du présent arrangement.

Le présent arrangement respecte les droits acquis en décidant que cette prolongation de délai ne portera pas atteinte aux droits de toute puissance contractante ou de toute personne qui au moment de la mise en vigueur du présent arrangement, serait de bonne foi en possession de droits de propriété industrielle en opposition avec ceux demandés en revendiquant le délai de priorité. Elles conserveront la jouissance de leurs droits sans être poursuivies comme contrefacteurs.

Un délai d'une année à partir de la mise en vigueur du présent arrangement, sans surtaxe ni pénalité d'aucune sorte sera accordé aux titulaires de droits reconnus par la convention pour accomplir tout acte, remplir toute formalité, payer toute taxe, et généralement satisfaire à toute obligation prescrite par les lois et règlements de chaque Etat pour conserver les droits de propriété industrielle dejà acquis au 1.er Août 1914 ou qui auraient pu être acquis depuis cette date.

Les droits de propriété industrielle qui auraient pu être frappés de déchéance par suite d'inexécution d'un acte ou d'une formalité ou de non-paiement d'une taxe seront remis en vigueur sous réserve des droits que les tiers peuvent posséder de bonne foi.

La période comprise entre le 1.er Août 1914 et la date de mise en vigueur du présent arrangement n'entrera pas en ligne de compte dans le délai prévu pour la mise en exploitation d'un brevet ou pour l'usage des marques de fabrique ou de commerce, ou l'exploitation de dessins et modèles industriels.

De plus, aucun brevet, marque de fabrique ou de commerce, ou dessin et modèle industriel qui était encore en vigueur au 1.er Août 1914 ne pourra être frappé de déchéance ou d'annulation du seul chef de nonexploitation ou de non-usage avant l'expiration d'un délai de 2 ans à partir de la mise en vigueur du présent arrangement.

Il est mentionné que les disposition ci-dessus n'affectent en rien les stipulations convenues entre les pays belligérants dans les traités de paix signés à Versailles le 28 Juin 1919 et à St. Germain le 10 Septembre 1919.

Les pays qui n'auront pas signé le présent arrangement pourront y adhérer.

§ 2. — *L'enregistrement international des brevets d'invention.*

La conférence intéralliée tenue à Paris les 17 et 22 Novembre 1920 a rédigé un projet d'arrangement international pour la création d'un bureau central de brevets d'invention. Les Etats représentés étaient : la Belgique, la Bolivie, le Brésil, l'Empire Britannique, la Chine, Cuba, l'Equateur, la France, la Grèce, le Guatemala, Haïti, le Honduras, l'Italie, la Republique de Liberia, le Japon, la Republique de Panama, le Perou, la Pologne, le Portugal, la Tchequo-Slovaquie, la Roumanie, le Royaume des Serbes-Croates et Slovènes, le Siam, l'Uruguay.

Enfin étaient présents à titre officieux, les Etats-Unis d'Amérique et le Nicaragua.

Enregistrement des demandes.

Le projet élaboré par la conférence comprend 24 articles. Il pose en principe la création à Bruxelles d'un bureau international de brevets d'invention établi à frais communs et servant à l'enregistrement des demandes de brevets et à leur examen.

Les citoyens d'un des pays contractants qui auront déposé dans l'un de ces pays une demande de brevet pourront réclamer dans les autres pays ou seulement dans quelques uns d'entre eux la protection moyennant le dépôt de la demande effectuée au bureau central de Bruxelles, par l'entremise de l'administration du pays d'origine de la dite demande.

Les sujets et citoyens des pays non-adhérents au présent arrangement sont assimilés aux sujets et citoyens des pays contractants à condition d'avoir des établissements industriels et commerciaux effectifs et sérieux sur le territoire de l'un des pays contractants.

Le dépôt des demandes sera inscrit immédiatement au bureau central sur un registre spécial.

A partir de la date de la réception de la demande d'enregistrement international la situation du demandeur dans les pays contractants sera la même que s'il avait déposé régulièrement sa demande dans le pays lui-même.

Les demandes seront transmises par le bureau central aux administrations des pays contractants, elles seront soumises dans ces pays aux mêmes conditions que les demandes qui y auraient été directement faites.

Le bureau central aura droit à la perception d'un émolument international dont le montant sera fixé par le règlement d'exécution.

Examen des demandes.

L'examen préalable en vue de la recherche des antériorités pourra ou devra être effectué selon qu'il sera disposé par la législation du pays contractant.

Le bureau central a qualité pour délivrer selon le cas une « attestation d'absence d'antériorité ou un constat provisoire d'antériorité ».

Le résultat de l'examen effectué par le bureau central est transmis aux administrations des pays con-

tractants désignés par le demandeur en vue de la délivrance du brevet.

A partir de la date de la communication du pays
d'origine à l'inventeur d'un « constat provisoire d'antériorité » cet inventeur a un délai qui sera déterminé
ultérieurement pour présenter ses objections et pour
proposer s'il y a lieu des modifications.

Après examen et discussion le bureau central dé-
livre selon le cas une attestation « d'absence d'antériorités » soit un « constat définitif d'antériorités ».

Si dans un délai imparti, l'inventeur s'abstient de
produire un recours contre le « constat provisoire d'antériorités » il devient définitif.

Dans un but d'intérêt général les pays contractants
pourront toujours requérir l'examen préalable d'un brevet d'invention.

Toutefois l'examen préalable effectué par le bureau
central sera toujours sans garantie.

Toute requête aux fins d'examen d'un brevet par
le bureau central donne lieu à la perception d'un émolument international.

Dispositions générales.

Le bureau central international centralisera tous
les documents relatifs aux brevets d'invention et la
publication de toute nature concernant les diverses
industries. Il pourra publier une feuille périodique,
elle sera faite en langue française et s'il y a lieu dans
d'autres langues qui seront fixées par l'assemblée ge-
nérale.

Les Etats contractants s'engagent à subventionner
le bureau central par le versement d'une contribution
annuelle uniforme.

Le bureau central aura en outre comme ressources les sommes à provenir des émoluments internationaux.

Les avances nécessaires au fonctionnement du bureau sont faites par le gouvernement où il a son siège.

En cas d'insuffisance de recettes, l'excédent des dépenses sera supporté à frais communs par les pays adhérents dans une proportion variable suivant une division en 6 classes dans lesquelles les différents pays contractants seront répartis.

Administration du bureau international.

Il sera administré sous l'autorité de la Société des Nations par un directeur assisté d'un conseil d'administration de 7 membres dont un président et deux vice-présidents élus tous les trois ans par l'assemblée des délégués de chacun des pays adhérents. Le nombre de voix attribué aux délégués varie de 1 à 6 suivant la classe dans laquelle est rangée chaque pays.

Le directeur est nommé au scrutin secret par le conseil d'administration.

Le conseil d'administration préparera le budget qui sera soumis à l'approbation de l'assemblée générale. L'assemblée générale se réunira tous les trois ans. Elle pourra introduire des modifications au présent arrangement en vue d'améliorer l'organisation et le fonctionnement du bureau central.

Les pays adhérents peuvent conclure respectivement des arrangements entre eux, mais à condition de ne pas contrevenir aux dispositions du présent arrangement.

Les pays qui n'ont pas pris part au présent arrangement pourront y adhérer sous réserve de l'agrément de la majorité des deux tiers au moins des pays contractants.

Tout pays peut dénoncer le présent arrangement et se retirer de l'Union en manifestant son intention une année à l'avance ; il abandonne de ce fait tous droits à l'actif du bureau central.

SECTION III.

Mouvement législatif et règlementaire.

§ 1. — *Dispositions du droit industriel normales edic-
tées entre le 1.ᵉʳ Octobre 1919 et le 1.ᵉʳ Octobre 1920.*

*Loi du 24 Octobre 1919 portant réorganisation des cadres
de l'administration centrale du Ministère du commerce,
de l'industrie et des Postes et Télégraphes (Section Commerce et Industrie). (Journal Officiel, 19 Octob. 1919).*

.Cette loi porte création d'une direction de la propriété industrielle au Ministère du commerce et de
l'industrie et réorganise les directions de l'administration centrale. Elle place sous l'autorité directe du Ministère du commerce et de l'industrie l'Office national
de la propriété industrielle et l'investit de la personnalité civile et de l'autonomie financière, alors que le décret du 9 Juillet 1901 qui avait créé cet office en avait
fait une dépendance du Conservatoire national des arts
et métiers.

A) *Brevets d'invention et propriété industrielle.*

*Arrêté du 15 Janvier 1920 relatif au prix de vente des
fascicules de brevets.*

La majoration temporaire de 50 °/₀ du prix de vente
des fascicules imprimés des brevets d'invention et cer-

tificats d'addition etablie par l'arrêté ministériel du 20 Novembre 1918 est portée à 100 % à dater du 1.ᵉʳ Février 1920.

Le prix du fascicule est donc dorénavant de 2 francs.

Décret du 6 Février 1920 instituant un comité technique de la propriété industrielle (J. O., 1.ᵉʳ Février 1920).

Dans le rapport adressé par le Ministre du commerce au Président de la République en vue de l'approbation de ce décret, le Ministre du commerce rappelle que l'importance des questions de propriété industrielle et leur caractère spécial justifient l'existence d'un comité technique de la propriété industrielle qui se trouverait substitué à la commission technique de l'Office national de la propriété industrielle pour l'examen des affaires qui étaient renvoyées expressément à la commission.

En outre, ce comité constituerait le comité de perfectionnement de l'Office national de la propriété industrielle.

De là, le décret du 6 Février 1920 constituant un comité technique de la P. I.

Composition.

20 membres choisis parmi les spécialistes de la P. I. (jurisconsultes, techniciens) nommés pour quatre ans par arrêté du Ministre du commerce. Leurs mandat est renouvelable. Le président et le vice-président du comité sont désignés par arrêté du Ministre. Le comité se réunit sur la convocation de son président.

Attributions.

Il est chargé de l'étude et de l'examen de toutes les questions concernant la P. I. qui lui sont renvoyées par le Ministère.

Il constitue le conseil de perfectionnement de l'Office national de la P. I.

Des rapporteurs techniques dont le nombre ne peut dépasser celui des membres du comité et nommés pour deux ans par arrêté du Ministre sur présentation faite par le comité peuvent lui être adjoints. Ils n'ont voix délibérative que dans les affaires qu'ils sont chargés de rapporter.

Décret du 13 Mars 1920 fixant la répartition des services de l'administration centrale du Ministère du commerce et de l'industrie.

Le décret règle entre autres la répartition des services de la direction de la P. I. qui se compose de 3 bureaux :

1er bureau : brevets d'invention ;

2me » marques de fabrique, dessins et modèles, récompenses industrielles, registre du commerce ;

3me bureau : Office national de la P. I.

Décret du 15 Mars 1920 portant règlement d'administration publique pour l'exécution de la loi du 18 Mars 1919 tendant à la création d'un registre de commerce.

De la déclaration.

Elle doit être faite en double exemplaire au greffe du Tribunal de commerce par tout commerçant, tout gérant et tout administrateur de société commerciale ayant un établissement principal, une succursale ou une agence en France.

Elle peut être également faite par un mandataire muni d'un pouvoir spécial.

La déclaration est faite sur une formule fournie par le greffier.

Les brevets d'invention doivent être designés par la date de leur dépôt et par leur numéro de délivrance. Les marques de fabrique et de commerce par la date, le lieu et le numéro de leur dépôt.

Le greffier écrit en tête de la déclaration la date et l'heure du depôt, le numéro d'ordre attribué à la déclaration.

Du registre local.

Le registre du commerce se divise en deux parties :

1° un registre chronologique servant à l'enregistrement des déclarations dans l'ordre de leur dépôt. Il en est délivré un récépissé détaché de la souche ;

2° un registre analytique tenu sou forme de tableau.

Lorsque les indications contenues dans les déclarations ont été reportées au registre analytique le greffier remet au déposant un des exemplaires de la déclaration signé pour valoir certificat de l'inscription.

Les registres chronologique et analytique sont cotés, paraphés et vérifiés chaque mois par le président du Tribunal de commerce ou par le juge chargé de la survéillance de ce registre.

Registre central.

Un registre central est tenu à l'Office national de la P. I. Le greffier de chaque Tribunal de commerce transmet dans la première semaine de chaque mois les déclarations qu'il a reçues dans le cours du mois à fin d'immatriculations ou de modifications. Les déclarations transmises par les greffiers sont portées à l'Office national de la P. I. sur deux registres destinés l'un aux commerçants, l'autre aux sociétés commerciales.

Des émoluments.

a) Pour une immatriculation, une inscription ou une radiation, 1 Fr. au greffier, 0,75 à l'Office national.

Chaque lettre du greffier adressée à l'occasion des formalités prévues par la loi, 0,50 et les frais de poste.

b) copie des inscriptions portées au registre, au greffier 1 Fr. pour chaque rôle de 20 lignes à la page, 1 Fr. à l'Office national.

Il est alloué en outre à titre de remboursement du prix des formules, des frais de registres et frais de toute formalité à accomplir d'office, 2 Fs. au greffier, 1 Fr. à l'Office national.

L'émolument et la somme des débours revenant à l'Office sont perçus par le greffier qui lui en fait parvenir chaque mois le montant.

Dispositions générales.

Les imprimés et registres prévus au présent décret sont fournis par l'Office national de la P. I.

Arrêté ministériel du 22 Mars 1920, déterminant le modèle du registre, suivant un modèle annexé au présent arrêté.

Chacun des deux registres tenus à l'Office national est divisé en autant de volumes qu'il y a de tribunaux de commerce ou de tribunaux civils en tenant lieu.

Arrêté du 21 Mai 1920, modifiant les art. 2 § 2 et 4 § 9 de l'arrêté du 11 Août 1903 relatif aux conditions

*de forme, dimension et rédaction des descriptions et des-
sins annexés aux demandes de brevet d'invention.*

Les descriptions ne devront pas dépasser 250 lignes
de 50 lettres chacune. Les descriptions d'une longueur
supérieure seront admises moyennant le payement d'une
taxe au profit de la P. I.

De	251	à	500	lignes de 50 lettres		15 Fs.
»	501	»	751	»	»	50 »
»	751	»	1000	»	»	75 »
»	1001	»	1250	»	»	100 »
»	1251	»	1500	»	»	125 »

En aucun cas les descriptions ne pourront dépasser
1500 lignes. Les dessins ne comprendront pas norma-
lement plus de 6 feuilles de petit format et de 4 feuilles de grand format.

Les dessins qui excéderaient ces dimensions seront
néanmoins admis après perception d'une taxe de 25 Fs.
par feuille supplémentaire de petit format et de 50 Fs.
par feuille supplémentaire de grand format au profit
de l'Office national de la P. I.

Mesure transitoire.

Les titulaires de demandes de brevets d'invention
ou de certificats d'addition déposés antérieurement à
la publication du présent arrêté qui ne satisferaient
pas aux prescriptions règlementaires auront la faculté
de réclamer les dispositions du présent arrêté, à moins
qu'ils ne préfèrent se conformer aux limitations prévues par l'arrêté du 11 Août 1903.

*Loi du 26 Juin 1920 instituant des taxes spéciales pour
le service de la P. I. et d'immatriculation au registre
du commerce. (J. O. 19 Juin 1920).*

1º *Marque de fabrique.*

Dépôt.

Le dépôt ou le renouvellement de dêpot d'une marque de fabrique donne lieu au paiement d'une taxe fixe de 25 Fs. perçue au profit de l'Etat, d'une taxe d'enregistrement de 10 Fs. au profit de l'Office national P. I. par classe de produits auxquels la marque doit s'appliquer sans que le montant puisse excéder 100 Fs.

Mutation.

Aucune transmission de propriété, aucune cession ou concession de droit d'exploitation ou de gage relativement à une marque déposée ne sera valable à l'égard des tiers qu'après avoir été inscrite sur le registre spécial des marques de fabrique ou de commerce tenu à l'Off. national P. I.

Cette inscription donne lieu à la perception d'une taxe fixe de 10 Fs. auprofit de l'Etat et d'une taxe de 3 Fs. par classe de produits aux quels la marque est applicable au profit de l'Office national de la P. I.

En cas de transfert par succession, la taxe perçue par l'Etat est de 10 Fs. quelque soit le nombre des marques comprises dans la déclaration.

Toute autre inscription ou toute autre radiation sur le registre des marques est soumise à la perception d'une taxe de 3 Fs. par marque au profit de l'Off. national de la P. I.

Moyennant une taxe l'Off. n. de la P. I. sera tenu de délivrer une copie des inscriptions portées sur le registre précité.

2º *Brevets d'invention et propriété industrielle.*

La remise au demandeur d'un brevet d'invention ou d'un certificat d'addition, de l'arrêtè du Ministre du commerce constituant le brevet ou le certificat d'addition accompagné d'un exemplaire imprimé de la description et des dessins donnera lieu à la perception d'une taxe de 10 Fs. au profit de l'Off. national de la P. I.

Mutation de propriété.

Aucune transmission de propriété, aucune cession ou concession de droit d'exploitation ou de gage relativement à un brevet ne sera valable à l'égard des tiers qu'après avoir été inscrite sur le registre des brevets tenue à l'O. N. P. I.

Toute inscription ou toute radiation sur le registre donne lieu à la perception d'une taxe de 5 Fs. par brevet au profit de l'Off. nat. de la P. I.

Moyennant une taxe, l'O. N. P. I. est tenu de délivrer à tous ceux qui le demanderont une copie des inscriptions portées sur le registre précité.

Registre du commerce.

Aucune réquisition tendant à l'inscription au registre du commerce ne peut avoir lieu que sur la justification de la qualité du commerçant.

L'Etat percevra la taxe de 10 fs. par chaque immatriculation augmentée d'une taxe proportionnelle de 0,01 par 1000 Fs. de capital social lorsque le capital est supérieur à 100 000 Fs.

Décret du 27 Juin 1920 relatif à l'application de l'art. 5 de la loi du 26 Juin 1920 instituant des taxes spéciales pour l'immatriculation au registre du commerce.

La taxe établie par l'art. 5 de la loi du 16 Juin 1920 est perçue par le greffier du Tribunal de commerce lors de la réquisition aux fins d'immatriculation.

Le versement des sommes perçues est fait au commencement de chaque mois par le greffier au receveur de l'enregistrement; toutefois, si les recettes atteignent 50 000 Fs., elles doivent faire l'objet d'un versement immédiat.

Marques de fabrique.

Décret du 11 Septembre 1920 relatif à l'application des art. 1 et 2 de la loi du 26 Juin 1920 instituant des taxes spéciales pour le service de la propriété industr.

Ce décret précise l'application des art. 1 et 2 de la loi du 16 Juin 1920 (dépôt et enregistrement des marques de fabrique).

A ce décret est annexée une nouvelle classification des marques de fabrique et de commerce.

Brevets d'invention.

Décret du 11 Septembre 1920 relatif à l'application du art. 3 et 4 de la loi du 26 Juin 1920 instituant des taxes spéciales pour le service de la prop. ind.

Ce décret règle les détails d'application de la loi du 16 Juin 1920 en donnant toutes indications utiles sur les inscriptions à porter sur le registre des brevets concernant les mutations de propriété entre vifs ou à cause de mort.

Toute modification apportée à l'adresse des titulaires, cessionnaires, ou concessionnaires des brevets est inscrite sur le registre des brevets moyennant le paiement de la taxe de 5 Fs. à l'Office national de la P. I.

Décret du 25 Septembre 1920 relatif au fonctionnement et à l'organisation financière de l'Office national de la propriété industrielle. (J. O. 6 Octob. 1920).

Ce décret règle les attributions et le fonctionnement de l'Off. national de la P. I. doté de la personnalité civile et placé sous l'autorité du Ministre du commerce.

Attributions.

L'Office national a pour attribution l'examen et la délivrance des brevets d'invention, la vérification des marques de fabrique ou de commerce et des dessins et modèles.

Il assure leur conservation. Il est chargé de la tenue du registre des brevets, des marques de fabrique et de commerce, et de la tenue du registre du commerce.

Il centralise toutes les publications concernant la propriété industrielle.

Il s'occupe de toutes les questions relatives à l'application des lois, décrets et conventions internationales.

Il prépare les lois et décrets concernant la propriété industielle.

Fonctionnement.

L'office est placé sous l'autorité directe du Ministre du commerce. Il est administré par un Conseil d'administration composé de 8 membres nommés pour 4 ans par arrêté du Ministre. Un Conseiller d'Etat est président de ce Conseil.

Il règle toutes les affaires de l'office. Ses décisions sont définitives si dans le délai de 3 mois, elles n'ont pas été annulées par un arrêté du Ministre pour excès de pouvoir, ou pour violation de la loi ou d'un règlement.

Le Conseil d'administration soumet à l'approbation du Ministre les budgets, les crédits supplémentaires et les comptes de l'ordonnateur.

Le Conseil d'administration peut formuler des voeux sur les questions intéressant le fonctionnement de l'office. Il se réunit au moins une fois par trimestre. En cas de besoin, il est convoqué par le président.

Les déliberations ne sont valables que si 5 membres au moins sont présents. En cas de partage, la voix du président est prépondérante.

Chaque année, au mois de Juin, le Conseil d'administration adresse un rapport au Ministre.

Un secrétaire administratif nommé par arrêté du Ministre du commerce assure, sous l'autorité du Conseil d'administration, le fonctionnement des services.

Le mode de recrutement, l'effectif, les traitements et allocations, les règles de la discipline du personnel de l'office sont fixés par décrets sur les rapports des Ministres de commerce et de l'industrie et des finances après avis du Conseil d'administration.

Organisation financière.

Les *recettes* de l'office se divisent :

1. En *recettes ordinaires* qui comprennent les subventions annuelles de l'Etat ; — le produit des perceptions autorisées au profit de l'office ; — les subventions provenant d'administrations publiques, de chambres de commerce ou de particuliers et ayant un caractère annuel et permanent ; — le revenu des biens ; — le produit de la vente des publications, et toutes autres ressources ayant un caractère annuel et permanent.

2. En *recettes extraordinaires* qui proviennent de l'aliénation des biens, des subventions, dons, legs

et libéralités ayant un caractère accidentel, des fonds provenant d'emprunt et de toutes les autres ressources ayant un caractère accidentel.

Les *dépenses* de l'office se décomposent :

1. En *dépenses ordinaires* ayant un caractère annuel et permanent.

2. En *dépenses extraordinaires* ayant un caractère temporaire ou accidentel.

Le *budget* est préparé dans la première quinzaine de Novembre pour l'année à venir par le président ou par le membre du Conseil d'administration délégué à cet effet. Il doit être soumis dans la quinzaine suivante à l'approbation du Ministre du commerce et de l'industrie.

Des modifications au budget peuvent être présentées en cours d'exercice en raison de ressources ou de charges nouvelles. Elles sont délibérées et approuvées dans la même forme.

Un membre du Conseil d'administration délégué à cet effet est chargé de la liquidation et de l'ordonnancement des dépenses.

Les recettes et les dépenses sont effectuées par un agent comptable. Les opérations sont surveillées par le Conseil d'administration. Il est justiciable de la Cour des comptes et doit fournir en garantie de sa gestion un cautionnement. En cas d'absence autorisée ou de maladie, il peut se faire remplacer par un fondé de pouvoir muni d'une procuration régulière et agréé par le conseil d'administration.

Les fonds libres de l'office sont versés au Trésor sans intérêts. Une partie des excédents de recettes annuelles peut être affectée à la constitution d'un fonds de réserve et employée en rentes sur l'Etat.

Enfin le compte administratif de l'ordonnateur et les comptes deniers et matières de l'agent comptable sont soumis chaque année avant le 1.^r Juillet au Conseil d'administration.

B. — *Propriété littéraire et artistique.*

Loi du 20 Mai 1920, frappant d'un droit au profit des artistes les ventes publiques d'objets d'art. (J. O. du 27 Mai, page 7610).

Les promoteurs de la réforme entendent surtout faire bénéficier les artistes d'un droit sur la plus value des oeuvres. Mais dès lors qu'on instituait un droit nouveau, il fallait le reconnaître au titulaire, abstraction faite des fluctuations que la valeur pécuniaire des oeuvres d'art peut subir au cours des transactions successives. La part proportionnelle existera donc même si l'oeuvre a baissé de prix ; elle doit être prélevée à travers toutes les mutations de propriété qui affectent l'oeuvre d'art. Le rapport renvoie à la jurisprudence en vigueur pour déterminer les caractéristiques qui permettent de définir l'oeuvre d'art.

Dans le deuxième paragraphe de l'article 1.er, la loi prévoit que le même droit appartiendra aux héritiers et ayants cause des artistes tels qu'ils sont désignés par la loi du 14 Juillet 1866 et ce pour une période de temps égale à la durée de la propriété artistique d'après les lois en vigueur.

La loi a voulu protéger les artistes contre eux-mêmes en spécifiant que ce droit de suite serait inaliénable : il reste un droit strictement attaché à la personne. Il y a mieux, pour permettre aux interessés de jouir immédiatement du droit malgré les cessions passées, il est inscrit au troisième paragraphe de l'article premier : « Le droit de suite s'exercera nonobstant toute cession de propriété artistique que les artistes, leurs héritiers et ayants cause auraient pu consentir antérieurement à la présente loi ».

L'article 2 fixe le tarif des prélèvements sur les ventes.

Ils seront de 1 $\%$ de 1000 Fr. à 10.000 francs ;

1.50 $\%$ de 10.000 Fr. à 20.000 francs ;

2 $\%$ de 20.000 Fr. à 50.000 francs ;

3 $\%$ au-dessus de 50.000 francs.

L'économie juridique de la proposition telle que nous venons de la résumer ne résout pas la difficulté. Et M. Léon Bérard l'a bien senti. Toute réalisation d'une semblable réforme est entièrement subordonnée à l'établissement d'un organe pratique de contrôle et de perception : ce n'est rien que de créer le droit, il faut donner aux artistes le moyen d'en jouir. Le texte proposé se retranche avec prudence derrière un règlement d'administration publique qui déterminera plus tard les conditions d'application.

§ 2. — *Dispositions exceptionnelles résultant de la guerre.*

Brevets d'invention.

Loi du 8 Octobre 1919, prorogeant la durée des brevets d'invention. (J. O. 10 Octob. 1919).

Décret du 8 Novembre 1919, relatif à la prolongation de durée des brevets d'invention.

Cette loi portant dérogation à la loi fondamentale en la matière du 5 Juillet 1844 qui dispose dans son art. 15 que la durée des brevets d'invention ne pourra être modifiée que par une loi, admet que la prolongation de durée des brevets pourra être accordée par une commission spéciale.

Cette loi a pour objet de réparer, dans une certaine mesure, le préjudice qu'a pu causer la guerre aux brevetés ou à leurs ayants droit quant à l'exploitation de leurs brevets. Elle ne s'applique pas aux seuls Français mais à tous les étrangers titulaires d'un brevet français régulièrement exploité en France, dont l'exploitation a été anormale pendant la guerre. Mais, remarquons qu'elle est surtout, comme l'indiquent nettement les travaux préparatoires (Rapport de M. le député Bokanowski et de M. le sénateur Poulle) une loi de justice et de réparation spécialement réservée aux inventeurs et industriels français qui ont souffert de la guerre et qui, soit par suite de leur mobilisation, soit par suite de la situation de leur usine en pays envahi n'ont pu exploiter leurs brevets.

Composition de la commission. La compétence.

La prorogation sur le vu de pièces justificatives de non exploitation est prononcée par une commission spéciale composée d'un conseiller à la Cour d'appel, président, désigné par le Premier Président, de 2 membres du comité technique de la propriété industrielle, de 2 membres du comité consultatif des arts et manufactures désignés par leurs collègues et nommés par arrêté du Ministre du commerce et de l'industrie.

La fonction de Commissaire du gouvernement est tenue par le Directeur de la propriété industrielle au Ministère du commerce ; un rédacteur de ce même Ministère est adjoint à la dite commission en qualité de secrétaire.

Prorogation et exonération.

La prorogation s'accorde par années entières et varie de 1 à 5 ans. En outre, une prorogation supplémentaire de 1 à 3 ans s'ajoutant à la première peut être prononcée par la commission lorsque le breveté a eu son établissement industriel désorganisé ou détruit, ou bien qu'il a été mobilisé pendant plus de 2 années et qu'un délai parait nécessaire à la reconstitution de son industrie.

La période de prolongation s'ajoute à la durée normale du brevet après la date de son expiration.

La commission est également compétente pour accorder des réductions pouvant aller exceptionnellement jusqu'à l'exonération du paiement des annuités échues entre le 1.er Août 1914 et le 1.er Août 1919, lorsque le demandeur justifie que, par suite de la guerre, il a été mis hors d'état de les acquitter.

Procédure.

La demande de prolongation ou d'éxoneration s'introduit, après versement d'une taxe de 20 Fs. au profit de l'Office national de la propriété industrielle, par une requête sur timbre adressée au Ministre du commerce et de l'industrie par l'intermédiaire du secrétaire général de la Préfecture du domicile du demandeur.

La requête de prolongation des brevets qui sont arrivés au terme légal de leur expiration durant la guerre ou dans l'année qui a suivi la promulgation de la loi devait être adressée dans les 6 mois de la dite promulgation.

Pour les autres, le demandeur jouit d'un délai qui s'étend jusqu'au 15 Octobre 1921.

Les Français domiciliés à l'étranger ou les étrangers non domiciliés en France sont tenus d'y élire domicile chez un mandataire qui adresse, en leur nom, la requête au secrétariat général de la Préfecture de son domicile.

Si le demandeur ne présente pas lui-même ses observations à la commission il peut se faire représenter par un avocat régulièrement inscrit au tableau ou bien par un mandataire spécial porteur d'un pouvoir régulier.

La commission statue souverainement et sans appel.

Publicité.

La loi de 1919 a prévu une publicité dans l'intérêt des tiers. Grâce à cette publicité, des oppositions peuvent être formées, par toute personne intéressée, aux demandes qui ne sembleraient pas justifiées.

Les séances de la commission sont publiques, la liste des brevets pour lesquels une prolongation a été accordée est publiée au supplément du Bulletin officiel de la propriété industrielle. Les décisions doivent, en principe, intervenir dans les 6 mois qui suivent l'introduction de la requête.

Droits acquis.

Ceux qui antérieurement à la publication de la présente loi ont entrepris une exploitation effective et sérieuse d'une invention faisant l'objet d'un brevet expiré depuis le 1.er Août 1914 ou d'un perfectionnement à une telle invention ne pourront être poursuivis comme contrefacteurs ni tenus de cesser leur exploitation.

En cas de prolongation les contrats de cession ou de concession de licence continuent à s'exécuter, mais à défaut d'entente entre les parties, ce sont les tribunaux qui ont qualité pour statuer.

Décret du 13 Décembre 1919 mettant fin à l'application de la loi du 12 Avril 1916 relative aux inventions intéressant la Défense Nationale.

La loi du 12 Avril 1916, loi d'exception justifiée par l'état de guerre et qui permettait à une commission spéciale de retenir et de conserver secrètes les inventions intéressant la défense nationale pour lesquelles une demande de brevet avait été déposée et d'en interdire la délivrance, disposait dans son art. 5 que la présente loi demeurerait applicable pendant la durée de la guerre et jusqu'à une date qui serait fixée par décret à la cessation des hostilités. C'est précisement le décret du 13 Décembre 1919 qui a mis fin à ce régime d'exception et qui a rétabli la libre délivrance des brevets d'invention.

Décret du 15 Janvier 1920 (J. O. du 22 Janvier 1920), relatif à l'application des dispositions des art. 306 et 310 (Partie X, Section VII. Propriété Industrielle) du traité de paix du 28 Juin 1919 avec l'Allemagne.

Décret du 29 Février 1920, complétant l'art. 2 du décret du 15 Janvier 1920 relatif à l'application des art. 306 et 310 (Partie X, Section VII. Propriété Industrielle) du traité de paix du 28 Juin 1919 avec l'Allemagne.

Le décret du 15 Janvier 1920 dont l'art. 2 a été complété par le décret additif du 24 Février 1920 organise une véritable expropriation.

En effet, lorsque des inventions faisant l'objet de brevets français appartenant à des ressortissant allemands ou des demandes de brevets français déposées au nom de ressortissants allemands seront reconnues susceptibles d'intéresser la défense nationale ou de présenter un intérêt public, l'expropriation pourra être prononcée par décret rendu sur proposition du Ministre intéressé et moyennant une juste indemnité.

Ces inventions pourront être d'ailleurs exploitées dans les ateliers de l'Etat. Des concessions de licence pourront être également accordées à des particuliers ou à des sociétés exerçant leur industrie en France.

Fixation de l'indemnité d'expropriation.

Elle sera fixée par une commission spéciale analogue à la commission de prorogation des brevets d'invention et composée d'un conseiller à la Cour d'appel président, de 2 membres du comité technique de la propriété industrielle, de 2 membres du comité consultatif des arts et manufactures.

Ses décisions sont définitives et sans appel.

Tout particulier ou toute société exerçant une industrie en France peut donc demander la concession d'une licence d'exploitation d'une invention ayant fait l'objet d'un brevet français appartenant à un ressortissant allemand ou d'une demande de brevet français déposée au nom d'un ressortissant allemand antérieurement à la date du 10 Janvier 1920, sous réserve que le dit brevet ou la dite demande de brevet fasse l'objet d'une mesure de séquestre de guerre.

La demande de licence doit être adressée au Ministre du commerce et de l'industrie après versement d'une taxe de 25 Fs. au profit de l'Office national de la propriété industrielle.

La commission spéciale statuera sur la demande de licence et fixera le cas échéant les conditions et la redevance à payer pour l'exploitation de l'invention.

Tout contrat de cession ou concession de licence

intervenu entre un particulier ou une société exerçant son industrie sur le territoire français et un ressortissant allemand relativement à un brevet intéressant la défense nationale ou présentant un intérêt public devra à peine de nullité être notifié à l'Office national de la propriété industrielle dans le délai d'un mois.

D'autre part, toute personne ou toute société exerçant son industrie sur le territoire français ou y résidant, titulaire antérieurement à la guerre de contrats de licence d'exploitation de droits de propriété industrielle ou de reproduction d'oeuvres artistiques et littéraires appartenant à des ressortissants allemands et qui auront conclu de nouveaux contrats relatifs à l'exploitation des mêmes droits devront en faire la déclaration à l'office des biens et intérêts privés.

En cas de désaccord, la commission spéciale sera compétente à la requête du ressortissant français, bénéficiaire d'une licence antérieure, pour statuer sur les conditions et sur le montant des redevances de la nouvelle licence.

Décret du 27 Janvier 1920 mettant fin à l'application du décret du 14 Août 1914 suspendant les délais et de la loi du 27 Mars 1915 établissant des règles temporaires en matière de propriété industrielle conformément aux art. 307 et 308 du Traité de Versailles du 28 Juin 1919. (J. O. 29 Janvier 1920).

A dater du 1.er Février 1921, les dispositions temporaires du décret moratoire du 14 Août 1914 suspendant les délais en matière de brevets d'invention et de dessins et modèles cesseront d'être en vigueur de même que les dispositions de la loi du 27 Mars 1915 établissant des règles temporaires en matière de propriété industrielle.

Donc, la première annuité des brevets d'invention et la taxe des certificats d'addition déposés sans versement de taxe par application du décret du 14 Août 1914 devront être acquittées au 31 Janvier 1921.

Les annuités échues depuis le 1.er Août 1914 et non encore acquittées devront être payées avant cette date, sans surtaxe de retard. A partir du 1.er Février 1921, les titulaires de brevets jouiront encore pour la dernière annuité restant due, des bénéfices du délai de grâce de 3 mois avec surtaxe de retard prévue par la loi du 7 Avril 1902.

Les délais légaux de mise en exploitation du brevet s'ils n'étaient pas expirés au 1.er Août 1914 sont prolongés pour une période de 2 années à partir de la publication du dit décret.

Le délai de mise en exploitation de 3 années des brevets d'invention pris à partir du 31 Juillet 1919, ne commencera à courir qu'à partir de la publication du présent décret.

Les titulaires de certificats de garantie délivrés à l'occasion d'une exposition organisée par l'administration ou avec son patronage, dont les délais sont venus à expiration depuis le 1.er Août 1914 verront les délais qui leur sont accordés prolongés jusqu'au 31 Janvier 1921 inclusivement.

Les délais de priorité prévus par l'art. 4 de la convention d'union internationale de Paris du 20 Mars 1882 révisée à Washington en 1911 et qui n'étaient pas venus à expiration au 1.er Août 1914 et ceux qui ont commencé à courir à partir de cette date sont prolongés jusqu'au 31 Juillet 1920 inclusivement.

Toutes ces dispositions sont applicables aux sujets et ressortissants des pays étrangers sous réserve de la réciprocité.

Décret du 10 Février 1920 relatif à l'introduction dans les départements de la Moselle, du Bas Rhin et du Haut Rhin des lois françaises concernant la propriété artistique, littéraire, industrielle et commerciale. (J. O. 15 Février 1920).

Applique aux territoires réintégrés la protection de la loi française en matière littéraire, artistique et commerciale; à partir de la mise en vigueur du présent décret, les lois françaises concernant les brevets d'invention, les marques de fabrique et de commerce, le nom commercial, les noms de localité, indications de provenance et d'origine, les secrets de fabrique, les médailles et récompenses, les dessins et modèles, la propriété littéraire et artistique et l'art. 1382 C. C. comme sanction des *atteintes* de ces droits ou de cette concurrence illicite ou déloyale.

Mais ce décret n'exclut pas la protection que peuvent invoquer les Français ou Alsaciens-Lorrains titulaires de brevets allemands valables au 11 Novembre 1918 et qui au sens de la loi française font l'objet d'une exploitation insuffisante pour ne pas encourir la déchéance prévue par la loi du 5 Juillet 1844.

Ces titulaires de brevets allemands seront donc protégés durant le temps fixé par la loi allemande sur la validité des brevets.

Ce décret respecte aussi les droits acquis en déclarant que les établissements qui avant l'armistice ont licitement fabriqué des produits ou utilisé des procédés déjà brevetés en France pourraient continuer leur exploitation, à condition toutefois de ne pas écouler leurs produits dans le reste de la France.

Si la fabrication est postérieure au 11 Novembre 1918, le décret leur accorde un délai d'une année à partir de la mise en vigueur du présent décret pour écouler ces produits sur les territoires recouvrés.

Marques de fabrique.

Les marques des établissements des territoires réintégrés seront considérées comme marques françaises à dater du 11 Novembre 1918.

Mais le présent décret n'exclut pas pour cela la protection que la loi allemande accordait aux marques et les établissements des territoires réintegrés pourront également invoquer la protection qu'ils tiennent de la loi allemande.

En ce qui concerne l'enregistrement et la transmission des firmes, la loi locale est maintenue provisoirement en vigueur.

Droits d'auteur.

Les droits d'auteur sur les oeuvres littéraires protégées par la loi française et le droit sur les oeuvres posthumes s'étendront sur les territoires réintégrés alors même que ces oeuvres seraient tombées dans le domaine public en vertu de la législation allemande.

Les oeuvres dont les auteurs ont la qualité d'Alsaciens-Lorrains ou qui éditées ou publiées pour la première fois en Alsace-Lorraine appartiennent à des Alsaciens-Lorrains ou à des Français à la date de la mise en vigueur du présent décret, profiteront de la durée de la protection de la loi française si elles n'étaient pas tombées dans le domaine public au 11 Novembre 1918 d'après la législation allemande.

Le présent décret respecte les droits acquis en décidant que la vente des reproductions d'une oeuvre littéraire ou artistique, d'un dessin ou modèle fabriqués licitement avant la mise en vigueur du présent décret ne pourra faire l'objet d'une poursuite dans les territoires réintégrés.

Procédure.

Les règles de compétence, les mesures de constat et de saisie, les voies de recours et les modes de preuve prévus par les lois françaises seront applicables.

Les affaires de la compétence du Tribunal civil seront portées devant le Tribunal régional, les affaires de la compétence du juge de paix seront portées devant le Tribunal de bailliage.

Mais pour la représentation des parties devant le Tribunal, pour le prononcé et l'exécution des jugements, la législation locale sera maintenue provisoirement en vigueur.

En matière pénale, les lois françaises seront appliquées.

Conformément aux prescriptions de la loi du 17 Octobre 1915 relative au régime transitoire de l'Alsace et de la Lorraine, le President du conseil a soumis le décret à la ratification des Chambres. Le projet de loi a été l'objet d'un avis présenté au nom de la Commission du commerce et de l'industrie sous le n. 1233 par M. Marcel Plaisant, Député. (Annexe à la 2.me séance du 6 Juillet 1920).

Loi du 19 Avril 1920 tendant à la prolongation des délais pour le renouvellement des inscriptions de privilège, hypothèque et nantissement.

Le délai de 6 mois prévu par l'art. 4 de la loi du 4 Juillet 1915 pour le renouvellement des inscriptions de privilèges, hypothèques et nantissements qui prenait fin le 24 Avril 1920 est prorogé jusqu'au 24 Avril 1921 inclus.

Les reconnaissances de dettes et titres nouveaux, qu'il y aurait lieu d'établir avant le 24 Avril 1920 profiteront de cette même prorogation de délai.

SECTION IV.

Jurisprudence insigne.

§ I. — Brevets d'invention.

Cour de Paris, 7 Novembre 1919, affaire des procédés Clayton contre Compagnie du Gaz Clayton, « Annales Pataille », 1920, 51.

Il s'agissait en l'espèce de mesurer l'étendue des contrats de licence. Il a été reconnu par la Cour de Paris que le propriétaire d'un brevet en concédant une licence si exclusive et si complète soit-elle, n'entend pas faire abandon de son propre droit d'exploitation et qu'en conséquence le propriétaire se réserve la faculté de fabriquer encore lui-même et de vendre l'objet du brevet. Quoique les circonstances d'espèce tiennent un rôle prépondérant en cette matière, il est intéressant de retenir la portée limitée du contrat des licenciés eu égard aux concessionnaires.

Cour de Riom, 19 Novembre 1919, affaire Tachon contre Société Universelle d'Explosifs, « Annales Pataille », 1920, 46.

L'arrêt donne une formule intéressante en ce qui concerne l'application nouvelle. Selon le jugement du Tribunal confirmé à la Cour, il est admis par la jurisprudence que l'application nouvelle des moyens connus susceptible d'être brevetés consiste à employer des moyens connus pour en tirer un résultat différent de celui qu'ils avaient produit jusque-là, et qu'on entend par emploi nouveau non brevetable l'application, qui tout en changeant d'objet et de matière ne diffère en rien par son résultat, par ses effets, des applications faites antérieurement et qui manque par conséquent du caractère essentiel de l'application considérée par la loi comme une invention nouvelle dans le résultat obtenu.

Cour de Paris, 27 Décembre 1919, Société des Etablissements Mestre & Blatge contre la Société Raynaud, « Annales Pataille », 1920, 155.

Il était intéressant de discerner dans cette espèce le droit qui appartient aux concessionnaires d'un brevet lorsque celui-ci est frappé de nullité.

La Cour a estimé que les concessionnaires étaient mal fondés à reprocher à un rival, comme acte de concurrence déloyale, le fait d'avoir, dans son catalogue, indiqué sous le nom du brevet déchu des objets provenant de la maison de fabrication et elle a pensé qu'il n'y avait pas usage abusif du nom dans cette circonstance.

Cour de Paris, 14 Février 1920, Noel contre Liotard Frères, « Annales Pataille », 1920, 179.

L'arrêt est encore relatif à l'application nouvelle. Il dispose que l'application nouvelle de moyens connus ne peut exister que si la combinaison décrite permet de réaliser par l'association d'éléments connus un résultat industriel autre et différent de celui qui était antérieurement réalisé par les mêmes moyens.

Cour de Paris, 6 Mars 1920, Oudsohrn contre Photogravure rotative, « Annales Pataille », 1920, 101.

L'arrêt a l'occasion de proclamer que dans notre législation il est inutile que l'objet revendiqué procède d'un esprit inventif qui ait eu à triompher de quelques difficultés dans l'application industrielle.

L'arrêt remarque d'autre part, en ce qui concerne le défaut des spécifications, que le mémoire descriptif est assez complet pour que le procédé qui y est décrit puisse être aisément mis en oeuvre et réalisé en se conformant aux indications fournies par le brevet.

§ II. — Marques de fabrique et noms d'origine.

Cour de Douai, 9 Février 1914. Kesteldot contre Derveux, « Annales Pataille », 1919, 175, avec note de Marcel Plaisant.

L'arrêt présente l'intérêt de confronter les faits de contrefaçon de marques de fabrique et les agissements rentrant sous la rubrique générale de la concurrence déloyale.

Un commerçant peut avoir intérêt à ne pas se prévaloir de la propriété de sa marque et à ne pas exercer l'action en contrefaçon parce qu'il peut avoir des doutes sur sa valeur et considérer que l'emploi qui a été fait de l'un des éléments de sa marque tout en créant une confusion dans l'esprit des acheteurs ne constitue pas proprement une contrefaçon ou une imitation frauduleuse mais place son auteur en état de concurrence déloyale.

Cour de Paris, 1° Mai 1914. Cremnitz contre Vieille cure de Cenon, « Annales Pataille », 1920, 85, avec note de Marcel Plaisant.

La Cour par une incidente incluse dans un de ses considérants, a réformé la thèse erronée adoptée par le Tribunal de commerce. Elle a estimé que le procès-verbal de saisie qui précède l'introduction de la demande en contrefaçon même lorsqu'il n'est pas suivi régulièrement d'une assignation doit néanmoins être retenu comme instrument de preuve.

Cour de Paris, 18 Juin 1914, Viticulteurs de Thomery contre Alfred Souillard, «Annales», 1920, 67, avec note de Marcel Plaisant.

Cet arrêt et le très important jugement sur lequel il a été rendu viennent d'être seulement publiés en 1920, mais il a été très souvent invoqué au cours de la discussion de la loi du 6 Mai 1919 sur les appellations d'origine.

L'espèce touchait la défense du fameux *Chasselas* de Fontainebleau dit « Vignes du Roi ».

Des négociants avaient introduit sur le marché des raisins achetés sur pied dans le Midi de la France pour faire concurrence au produit réputé et en empruntant le nom qui lui donnait crédit devant la clientèle.

Le Tribunal a reconnu le principe du dommage causé par la fausse indication d'origine dans les termes généraux de l'article 1382 du code civil, et il en a poursuivi les conséquences avec une pénétrante finesse d'analyse.

L'usurpation d'origine qui est ainsi envisagée sous l'angle de « la concurrence déloyale » aboutit à faire protéger le produit naturel alors que la loi de 1824 n'est destinée qu'au produit fabriqué.

Elle statue en même temps sur la recevabilité de l'action syndicale en reconnaissant l'intérêt professionnel des adhérents dans l'exercice de leur défense corporative.

Encore que la question soit tranchée aujourd'hui par des textes législatifs, les décisions rapportées marqueraient bien le dernier stade d'une évolution historique.

Cour de Rouen, 18 Décembre 1918, Pooter contre Thierry, « Pandectes Françaises », 1920, 2, 91.

La Cour a eu l'occasion dans cette espèce de réglementer l'usage du nom patronymique selon une jurisprudence constante.

Pour s'approprier et exploiter à son profit le vocable de son premier mari une veuve ne peut se prévaloir de sa qualité de légataire universelle, qualité inopérante en soi, quant à la question de nom. Elle peut être contrainte par la famille de son mari de prendre des mesures spéciales en vue de marquer sa personnalité et d'éviter la confusion.

Cour de Paris, 1ᵉʳ Juillet 1919, Noilly Prat contre Chappaz & C., « Annales Pataille », 1919, 161.

Le Tribunal de la Seine et la Cour de Paris se sont refusés à reconnaître le caractère de marque de fabrique à la désignation « Vermouth exportation ».

Les juges ont estimé contrairement aux prétentions du revendiquant que la dénomination n'avait pas été détournée de son sens naturel, qu'elle n'était pas arbitraire ni de fantaisie et que, signifiant une qualité pour l'exportation, elle n'était pas susceptible de faire l'objet d'une appropriation privative.

§ III. — Dessins et modèles.

Cour de Cassation, 26 Mai 1916, Bellot contre Evrard, « Droit d'auteur », 1920, 41.

Les ébénistes ont réussi depuis longtemps à faire reconnaître la propriété artistique des meubles d'art. Il s'agissait en l'espèce d'une chambre à coucher Louis XVI. La Cour a estimé que le législateur du 11 Mars 1902 en ajoutant les sculpteurs et les dessinateurs d'ornement à la loi de 1793 avait entendu étendre la plus large protection à toutes les branches de l'art de l'ornementation. Il suffit de se rapporter aux travaux préparatoires de la loi pour se rendre compte que les bénéficiaires de l'amendement sont tous ceux

qui à un titre quelconque peuvent se dire artistes industriels. Il y a lieu de déclarer en conséquence qu'un
fabricant de meubles est sous la sauvegarde de la loi
de 1902 dès qu'il a cherché à réaliser un effet artistique.

L'arrêt observe d'autre part, que la combinaison
formée par les éléments tombés dans le domaine public ainsi que leur disposition dans leur application à
un sujet donné peuvent constituer une oeuvre origi-
nale et personnelle dont l'auteur peut revendiquer le
bénéfice de la loi de 1793.

§ IV. — Propriété litteraire ed artistique.

Cour de Paris, 5 Juillet 1919, Luc Olivier Merson
contre Gaumont, « Annales Pataille », 1920, 42.

Le célèbre tableau de Luc Olivier Merson « le Re-
pos en Egypte » avait servi de thème à un entrepre-
neur de films cinématographiques. Celui-ci avait notamment restitué au milieu d'une perspective lointaine la
physionomie du sphynx veillant au sommeil de la
Sainte Famille.

Le Tribunal a estimé que la présentation du film
ne pouvait manquer de rappeler à première vue le tableau du Maitre. Les différences de détails ne sont
pas suffisantes pour détruire une confusion d'ensemble
dans une telle imitation, qui reproduit le caractère essentiel en donnant si bien la même impression que
l'original, qu'elle en tient lieu aux yeux de celui qui
est appelé à l'observer.

Cour de Paris, 5 Juillet 1919, Catulle Mendès contre
M.lle Stichel, « Annales Pataille », 1920, 130.

La représentation à l'Opéra de « La Fête chez Thé-
rèse » dont le livret est de M. Catulle Mendès et la
musique de M. Reynaldo Hahn avait donné l'occasion

à M.lle Stichel, maitresse de ballet, de régler un pas de danse, d'ordonner un scénario pour lequel elle se prétendait collaboratrice.

La Cour s'est appliquée à mesurer l'importance du travail chorégraphique de la maitresse de ballets en recherchant sa part de collaboration dans l'ensemble de l'oeuvre lyrique. Elle décide que l'oeuvre chorégraphique de M.lle Stichel dont l'exécution rentrait dans ses fonctions de maitresse de ballet appointée du théatre de l'Opéra, susceptible à la vérité d'un droit de propriété distinctive, n'en apparait pas moins comme un travail à part d'adaptation scénique d'une oeuvre qui garde son entité propre qui tout en concourant aux mêmes fins que le livret et la partition, n'en fait pas partie intégrante, pouvant varier entre les mains d'un autre maitre de ballet, et n'est donc pas devenue un élément de collaboration avec le librettiste, encore moins avec le musicien en dehors du consentement de ce dernier.

En définitive, la Cour de Paris n'a pas recueilli en l'espèce la revendication de la maitresse de ballet, mais elle semble bien avoir admis en principe que la création d'un pas de danse pouvait éventuellement former l'objet d'une propriété artistique et donner lieu à la perception du droit d'auteur.

Cour de Cassation civile, 25 Juin 1919, Benoît contre Consorts Biollay, « Annales Pataille », 1920, 37.

La décision qui touche aux prorogations résultant de la loi de 1854 et de 1866 qui ont augmenté la durée de la propriété littéraire reconnue par la loi de 1793 peut servir d'élément de comparaison pour interpréter la loi récente du 3 Février 1919 comportant une prorogation de 6 ans à raison de l'état de guerre.

La Cour avait à trancher le conflit entre les héritiers de l'auteur et les concessionnaires pour savoir quels seraient ceux appelés à bénéficier de la prorogation; quoique la décision porte sur la liquidation des comptes, elle semble bien admettre qu'en cas de prorogation, les bénéfices de l'exploitation littéraire à recueillir pendant la nouvelle période doivent être accordés aux héritiers plutôt qu'aux éditeurs.

Cour de Rouen, 29 Juillet 1919, Marin Cappeau contre Cuisson Adam, « Droit d'auteur », 1920, 35.

Les rapports entre les collaborateurs pour une oeuvre musicale ont été l'occasion de départir les droits de chacun. La Cour rappelle le principe que par la collaboration il y a indivisibilité de l'oeuvre, paroles et musique; en matière de collaboration l'article 1859 du code civil est applicable.

L'un des associés est censé avoir reçu mandat de son co-associé de faire tout acte d'administration sauf bien entendu à ce dernier de s'y opposer s'il considère que cet acte est contraire à ses intérêts.

L'auteur de la musique ayant confié son oeuvre à la Société des auteurs, elle se trouve entre les mains des mandataires du librettiste pour la perception d'un droit.

Cour de Paris, 3 Mars 1920, Chouart contre « Le Matin », « Droit d'auteur », 1920, 57.

La question du droit moral a été invoquée à nouveau en appréciant les rapports entre les écrivains et directeurs de journal.

La société du *Matin* avait prétendu qu'en traitant avec un auteur en vue de la publication d'un feuilleton, elle avait le droit de reproduire son oeuvre avec la liberté d'user ou de ne pas user de ce droit.

La Cour a répondu que l'on ne saurait sans dénaturer ses stipulations essentielles soutenir que le ro-

man était simplement mis à la disposition du *Matin*
qui aurait été laissé maitre de son emploi, car la publication de l'oeuvre est le fait en vue duquel s'étaient
accordées les parties et qui avait déterminé leurs pre-
stations réciproques. Il semble en effet inadmissible
que par le paiement d'un prix le directeur d'un journal puisse devenir maitre d'éteindre la réputation d'un
écrivain.

Ce serait contraire au droit moral, et porter préjudice aux intérets matériels de l'avenir.

Cour de Paris, 5 Mars 1920, Delavaulx contre Tal-
landier, « Annales Pataille », 1920, 1884.

Cet arrêt très intéressant est à opposer au précé-
dent car il reconnait au contraire à un éditeur le droit
exclusif de faire paraitre une oeuvre sous la forme
qu'il juge opportune mais ce droit ne le dispense pas
en cas de modification du mode d'adaptation envisagé
au contrat de remettre une rémunération proportionnelle au chiffre de la vente.

Cour de Paris 6 Mars 1920, Massenet contre Lucy
Arbel, « Annales Pataille », 1920, 138.

Les droits des co-auteurs d'une oeuvre lyrique ont
encore été l'occasion en l'espèce d'un débat, particulièrement délicat. On n'a pas oublié que Massenet
avait désigné dans son testament Lucy Arbel pour
interpréter le rôle de Cléopâtre dans son drame lyrique.

A la mort du Maitre, Lucy Arbel revendiqua le
droit d'interpréter à l'exclusion de tout autre artiste
le rôle écrit pour elle. MM. Louis Payen & Georges
Cain, les librettistes, ayant passé outre à cette préten-
tion, le Tribunal de la Seine fut appelé à les départager.

Il s'inclina devant l'artiste mais la Cour de Paris
infirma cette décision et rappela les principes en matière
de collaboration. La musique est composée sur un poème

de Jules Claretie, et l'oeuvre de Cléopatre a été faite
avec la collaborarion de Payen et de Henri Cain : en
principe le droit de l'auteur et celui du musicien est
un droit indivis ; l'un ne peut s'exercer sans le concours et l'assentiment de l'autre et l'usage doit faire
l'objet d'un règlement judiciaire. Ainsi Massenet ne
pouvait seul et sans les écrivains associés à l'oeuvre
musicale exercer sur cette oeuvre un droit d'auteur,
et notamment procéder à l'attribution des rôles...

Statistique du mouvement de la propriété industrielle en France, d'Octobre 1919 à Octobre 1920.

Formes de la propriété	Relevés
Nombres des brevets d' invention délivrés	13919
Certificats d'addition delivrés . .	824
Marques de fabrique enregistrées .	22346

Observations generales.

Un regard d'ensemble jeté au terme de la course nous permet d'observer que le mouvement du droit industriel a été particulièrement actif pendant l'année écoulée. Peut-être convient-il mieux d'y voir le signe d'une liquidation à la suite de la longue période de guerre, plutôt que le prodrôme d'une renaissance de la vie économique. Deux grandes conventions marquent la place du droit international : la convention du 30 Juin concernant la conservation des droits de priorité atteints par la guerre mondiale prouve, à tout le moins, que les états civilisés sentent la solidarité qui les unit devant les dommages causés par l'universel conflit. La récente convention de Novembre 1920 sur l'enregistrement international des brevets est le résultat d'un travail de gestation dont la première conception remonte à l'époque des négociations de Versailles : dé ce grand concours des peuples assemblés dans une circonstance solennelle, il serait donc sorti une oeuvre féconde. L'idée du brevet international est désormais en marche et il n'est pas messéant de lui souhaiter une carrière utile.

La floraison législative et règlementaire française est touffue. Notre division en dispositions normales et dispositions exceptionnelles, résultant de la guerre, fait suffisamment ressortir les causes de cette production copieuse. Une grande partie de ces textes ont un caractère transitoire : préparant le retour au régime de paix, ils assurent en quelque sorte la démobilisation de la propriété industrielle. Mais puisque le gouvernement a été conduit à envisager l'expropriation des brevets allemands en exécution des articles 306 & 310 du traité de paix on pourra regretter qu'il n'ait pas mis à profit la circonstance pour déposer un projet de loi instituant un régime général de droit commun pour l'expropriation des brevets d'invention : de même on peut se demander pourquoi un système durable concernant la prorogation des brevets n'aurait pas pu être introduit, sous certaines conditions, dans la loi du 8 Octobre 1919.

L'examen des mesures normales nous fait assister à un mouvement de réorganisation administrative des services de la propriété industrielle : cette série de décrets montre la place importante que tient cette branche de notre droit dans la sollicitude des pouvoirs publics. La coordination des règlements et des lois s'inspire, là encore, de l'esprit de synthèse qui anime le droit français.

Trop bref est le cours d'une année judiciaire pour autoriser le commentateur à tirer des règles générales d'une jurisprudence. On notera cependant en matière de propriété artistique et littéraire la richesse des cas fournis par la vie intellectuelle, et on ne laissera pas de remarquer, au cours des espèces si complexes, offertes à l'examen de nos juges, ce sentiment des nuances et cette finesse d'analyse qui ont permis de dégager les principes tutélaires qui sauvegardent les créations de la pensée.

MARCEL PLAISANT.

BULLETIN

DE LA
SOCIÉTÉ ITALIENNE POUR LES ÉTUDES DE DROIT INDUSTRIEL

1921

Publié sous la direction de
MARIO GHIRON
Professeur de droit industriel à l'Université de Pavie, Avocat à la Cour de cassation - Rome

avec la collaboration de :
LUIGI TROMPEO
Avocat à la Cour de cassation, Rome - Redacteur en chef

CESARE GORETTI
Avocat à Milan

LUIGI SERTORIO
*Professeur de droit romain
à l'Université de Turin
Avocat à la Cour de cassation*

EMILIO PROTTO
Avocat à Rome

RINALDO VASSIA
Avocat à Gênes

CESARE PADOVANI
Avocat à Milan

GIULIO BERGMANN
Avocat à Milan

Correspondants à l'étranger

MARCEL PLAISANT
*Député de Cher
Avocat à la Cour d'appel
de Paris*

CARROL ROMER
Avocat à Londres

EDWIN KATZ
Avocat à Berlin - Président della «Gesellschaft für Weltmarkenrecht»

ROBERT H. PARKINSON
Avocat à Chicago

Prix: en Italie Lit. 12 - Etranger Lit. 15

Cotisation annuelle pour le *Bulletin* et le quatre numeros trimestriels des *Studi di diritto industriale* publication en langue italienne de la Société, en Italie Lit. 25 - Etranger Lit. 35.

Siège social et direction : *48, via Collina, Rome, 25*
Administration : *Società editrice del «Foro Italiano», 44, piazza di S. Eustachio, Rome, 19*

SOMMAIRE.

MARCEL PLAISANT, avocat à la Cour d'appel de Paris, deputé. - *Revue critique du droit français dans le domaine de la propriété industrielle, artistique et littéraire (1919 920).*

MARTIN WASSERMANN, avocat à Hambourg. - *L'Allemagne et l'arrangement de Madrid concernant la repression des fausses indications de provenance.*

CARROL ROMER, avocat à Londres. - *Le développement du droit anglais en matière de brevets d'invention pendant les années 1919 et 1920.*

GIOVANNI DAVICINI, avocat à Turin. - *La marque collective.*

MARIO GHIRON, avocat à Rome. - *Le développement du droit italien dans le domaine de la propriété industrielle, artistique et littéraire (1915-1920).*

Le projet de loi sur les marques de fabrique en Egypte.

A propos de la marque mondiale.

ROME - SOCIETÀ EDITRICE DEL FORO ITALIANO - ROME

Piazza di Sant'Eustachio, 44

Anno I   *Marzo 1921*   N. 1

STUDI

DI

DIRITTO INDUSTRIALE

BOLLETTINO TRIMESTRALE
della

Società italiana per gli studi di diritto industriale

Direttore
PROF. AVV. MARIO GHIRON
Lib. docente di diritto industriale nell'università di Pavia

Redattore capo
AVV. CAV. LUIGI TROMPEO
Direttore del «Le Leggi»

Collaboratori

AVV. CESARE GORETTI

PROF. AVV. LUIGI SERTORIO
Libero docente di diritto romano
nell'università di Torino

AVV. CAV. EMILIO PROTTO

AVV. CESARE PADOVANI

AVV. RINALDO VASSIA

AVV. GIULIO BERGMANN

Corrispondenti all'estero

MARCEL PLAISANT
Avv. in Parigi, deputato

CARROL ROMER
Avvocato in Londra

EDWIN KATZ
Avvocato in Berlino. Presidente della «Gesellschaft
für Weltmarkenrecht»

ROBERT H. PARKINSON
Avvocato in Cicago

Abbonamento annuo: In Italia L. 25 - all'Estero L. 35

Gli abbonati riceveranno gratuitamente il «Bulletin de la Société italienne pour les études de droit industriel» pubblicazione annuale della Società, edita in lingua francese.

Un numero separato degli "Studi„ . . L. 6 (Estero L. 8)
„   „   „   del "Bulletin„ . . L. 12 (Estero L. 15)

Direzione : via Collina, 48 - Roma, 25
Redazione e amministrazione : Piazza di S. Eustachio, 44 - Roma, 19

SOMMARIO DEL PRESENTE FASCICOLO

Prof. Vittorio Scialoja, *senatore*. - Sul diritto di autore relativamente al *Codex iuris canonici*.

Prof. Mario Ghiron. - Norme vigenti, diritti ed azioni in materia di concorrenza sleale, segni distintivi e marchi.

GIURISPRUDENZA ANNOTATA: **Avv. Alberto Musatti**. - Marchi di fabbrica e produzione di una «specialità» (Nota a sentenza del trib. di Padova).

RIVISTA DI GIURISPRUDENZA: **Prof. Mario Ghiron**. - Spoglio delle riviste italiane in materia di concorrenza sleale, marchi, brevetti e diritti d'autore.

RIVISTA DI LEGISLAZIONE: **Avv. Valerio De Sanctis**. - Provvedimenti dello Stato italiano per l'esecuzione dei trattati di pace.

ROMA

SOCIETÀ EDITRICE DEL «FORO ITALIANO»

—

1921